AF208483

Originalausgabe

© *by Mathias Bellmann. Das Werk einschließlich aller Inhalte ist urheberrechtlich geschützt. Alle Rechte vorbehalten.*

Herstellung und Verlag: BoD – Books on Demand, Norderstedt
ISBN: 9783756883981

Friedens - Aphorismen

Vorwort: Gedanken des Friedens führen in den Frieden. Frieden bringt dir mehr Glück, Sicherheit und Freiheit als jede andere Sache der Welt! Nimm diese Aphorismen, um dich mit ihnen auf den Frieden zu besinnen. Du kannst ein Friedenskind werden! Du kannst den Frieden aufbauen! Du kannst deinem Leben einen tieferen Sinn geben. Dazu wollen diese Aphorismen deine Brücke sein! Nutze sie zur Inspiration und lass sie dein Herz befrieden. Denn dein friedliches Herz wird dich glücklich und zufrieden machen.

Aus Gedanken über den Frieden werden Taten des Friedens. Frieden wird dein größter Sieg sein. Frieden bringt dir Glück und zaubert dein Lächeln herbei. Frieden rettet deine Freunde und deine Familie vorm Krieg. Diese Friedens-Aphorismen schenken dir Gedanken des Friedens, um mit ihnen das Glück, den Reichtum und das Lächeln des Friedens in dein Leben zu zaubern. Du kannst Frieden sein! Du lässt die Welt im neuen Licht erstrahlen! Sei Frieden und schenke deiner Familie und deinen Freunden Frieden. Mach sie glücklich durch deinen Friedensdienst! Dabei helfen dir die Friedens-Aphorismen.

Setz dir das Friedensziel
Und strebe mit jedem Atemzug,
Dem Frieden entgegen!

Ihre geschlossenen Augen träumen vom
Frieden. Möge mit ihrem Erwachen der
Frieden entstehen.

...und wieder ist Frieden. Kann er diesmal
den Krieg für immer besiegen?

Er träumt vom Frieden.
Sie lebt ihn.
Er hofft auf Frieden.
Sie ist Frieden.

Friedliche Gedanken führen zu friedlichen Worten, aus denen friedliche Taten werden; die global den Weltfrieden erwirken.

Der Schmerz vergeht
Und Frieden entsteht.
Die Erinnerung verweht
Und Frieden überlebt.

Friedensstürmer mit wehenden Fahnen
tanzen in wankenden Bahnen.

Friedenswege wählen und niemals still
stehen, sondern bis zum Weltfrieden
weitergehen!

Fühle den Frieden.
Fühle ihn nur
Ein ganz klein wenig.
Sobald du ihn
Gefunden hast: Lebe ihn!

Flieg mit mir in eine Welt aus grenzenlosem
Frieden!

Noch immer ist der Weltfrieden möglich.
Noch immer können wir Menschen uns
bessern.
Noch immer können wir den nächsten Krieg
verhindern.

Kleine, feine Friedenslieder mit kleinen,
feinen Melodien können die Herzen der
Menschen vom Wahn des Krieges befreien!

Friedlich gehen.
Friedlich stehen.
Friedlich einschlafen
Und friedlich fliegen.

Indem wir Frieden leben, können wir den
Frieden an die nächste Generation
weitergeben.

Wut ist kein Mut.
Vergeben ist mutig.
Vergeben macht friedlich.

Durch die Schulflure weht der Geist der Gemeinsamkeit. Es ist ein neuer Geist. Er beendet alle Entzweitheit und schmiedet ein Volk des Friedens.

Wenn der Sturm der Gewalt in deinem Herzen tobt, beruhige ihn und fache nicht weiter die Stürme der Gewalt in der Welt an.

Sie, mit der Macht ihrer Liebe, befriedet mein Herz.

Wenn Wut und Hass nach deinem Herzen greifen: lass sie gehen, lass sie los. Wenn Gedanken der Gewalt dich übermannen: lass sie gehen, lass sie los. Wenn du kurz davor bist, andere verletzen zu wollen: lass es sein, lass es los. Wenn du an Krieg denkst: lass ihn gehen, lass ihn los.

Mit allem Geben Frieden weben.
Mit jeder Tat säen wir die Friedenssaat.
Mit allem Tun im Frieden ruh'n.

Friedensbande.
Friedlicher Handel.
Das Land erblüht
Und Kinder lachen.

Friedenskinder singen friedliche Lieder und tanzen mit friedlichen, kleinen Schritten. Friedenskinder lachen mit pausbäckigen Backen während sie im Sandkasten Kuchen backen. Friedenskinder spielen auf heilen Spielplätzen, die nicht von Bomben und Raketen zerstört wurden. Friedenskinder essen mit sauberen Sachen und leben unter wetterfesten Dächern. Dinge die Kinder im Krieg verlernt haben.

Gedanken für Frieden schaffen den Rahmen für friedliche Gedankensprechblasen.

Warum nicht im Frieden lieben, statt sich in Kriegen ständig gegenseitig zu besiegen? Warum nicht freundlich deutlich die Sympathie bekunden, statt sich heimlich ständig gegenseitig zu verwunden?

Der wahre Sieg ist der Frieden.
Frieden ist die höchste Kunst zu siegen.

Der Frieden in meinem Herzen möge die Welt beflügeln. Der Frieden meiner Zunge möge die Welt erwecken. Der Frieden meiner Gesten möge die Menschen verzücken. Der Frieden meiner Taten möge Freude schaffen. Der Frieden meiner Schritte möge die Welt von allen Kriegen befreien.

Eine friedliche Zunge spinnt ein Netz des friedlichen Miteinanders. Wähle deine Worte weise und schaffe auf diese Weise Frieden im Land.

Beruhigt euer Herz wie das Wasser in einem trüben Glas.

Mit ruhigen Schritten, ohne Hass und Zwietracht zu gehen und alle Lebewesen gütig zu lieben, ist ein größeres Wunder als alle Tricks der Zauberkünstler der letzten zehntausend Jahre. Du kannst so schreiten! Vielleicht gelingt dir erst nur ein Schritt bei dem du ohne Hass und voll reiner Güte bist. Doch bald werden es zwei und dann drei, bis es Millionen sind.

Wenn die Panzer wieder donnernd rollen, dürft ihr nicht aufhören, dem Frieden Tribut zu zollen. Wenn die Raketen fliegen, hört nicht auf, nach Frieden zu streben!

Selbst im schlimmsten Krieg muss es einen Ort geben, wo der Frieden weiterlebt und sei es nur im Herz der zahllosen Kriegsgefangenen.

Frieden geben und Frieden leben, schenken den Kindern von Morgen friedliche Leben.

Es kann kein Wort zu viel über den Frieden gedacht, geschrieben oder gesprochen werden!

Flugzeuge, die mit Nahrung für die Armen fliegen statt mit Bomben. Panzer, die als Deko und Kunstobjekt dienen statt als Mordwaffen. Soldaten, die bei Feuer und Überschwemmung helfen, statt zu töten und zu vergewaltigen. Politiker, die sich um ihr Volk kümmern, statt es zu beherrschen.

Mit meinem friedlichen Herz umarme ich die ganze Welt. Der Wert jedes Wesens wird von mir mit grenzenloser Liebe aufgewogen. Denn mit Liebe befriede ich den Hass und Streit und beende den Krieg, der zwischen uns liegt.

Friedliche Väter erziehen friedliche Söhne und schaffen friedliche Enkel. Friedliche Mütter feiern die Feste des Friedens mit ihren Familien.

Freie Friedenskinder fliegen wie die freien Vögel am Himmel.

Mit friedlichen Gedanken danken wir der Welt für das Geschenk des Lebens.

Im Frieden ziehen wir aus in die Welt. Wohin wir auch fliegen auf unseren Friedenswegen, wir finden neue Freunde und tanzen im Glück.

Friedlich gelacht und frei getanzt.

Freiheit kann es nur im Frieden geben. Denn wie sollte ein fühlendes Wesen im Gefängnis des Krieges Freiheit erleben?

Glücklich und frei sein sind die Schätze des Friedens. Im Krieg wirst du Angst und Knechtschaft erleben. Reich und heil ist der Zustand des Friedens. Im Krieg wirst du hungern und schreiend zu Grunde gehen.

Generationen im Frieden kennen das glückliche Leben. Plötzlich fern und doch ganz nah, flogen wieder die Raketen und platzten die Bomben und alle begriffen, was sie in den Jahren zuvor für großes Glück hatten.

Freunde im Frieden. Feinde im Krieg. Frag dein Herz, was du wirklich willst!?!

Kinder des Friedens siegen mit ihren strahlend, weißen Zähnen, die glücklich ein Lächeln bilden.

Gedanken über den Frieden tanken. Mit vollem Tank ins Friedensheim.

Gib an deinen dunklen, trüben Tagen dein friedliches Herz nicht auf. Halte auch bei Kummer, Not und Schmerz am Frieden fest. Denn was außer dem Frieden kann dich von Not und Trübnis erlösen?

Alt werden und Frieden im Herzen tragen. Gibt es ein ehrbareres Lebensziel?

Jeder, den du kennst, wird eines Tages
sterben. Macht es da nicht Sinn, die Zeit
auf Erden einfach friedlich miteinander zu
verleben?

Friedlich erwarte ich ihren Widerstand.
Friedlich stelle ich mich dem Streit.
Friedlich öffne ich mich den Gefahren.
Friedlich gehe ich ins Abenteuer.

Die kleinen Häuser der Stadt mit all ihren
Menschen drin verdienen Frieden!

Das Grün der Bäume. Das Blau des
Himmels. Das Gelb der Sonne. Der Frieden
des Herzens.

Endlich frei von Gewalt.
Endlich leben, ohne das Mächtige befehlen.
Das sind Zeichen des Friedens.
Denn Gewalt und Zwang zu folgen,
Führen seit tausenden Jahren
Von Krieg zu Krieg.

Leih mir dein Ohr für die Geschichten des Friedens. Schwing mit rhythmischen Herzschlägen auf den friedlichen Wegen. Sei frei in der Atmosphäre des Weltfriedens. Lebe heiter weiter ohne Angst vor Gewalt und Zwang. Denn Freiheit ist Frieden.

Du willst, dass deine Kinder leben, dann musst du den Frieden weben!

Wir alle sind müde von der Gewalt, die durch die Geschichtsbücher eilt. Wir alle sehnen uns nach friedlichen Zeiten, die durch die Zukunft streifen.

Frieden schafft das Band, dass uns vereint, während der Krieg es zerreißt.

All jenen denen ich geschadet habe in diesem Leben, möchte ich um Verzeihung bitten. Als Wiedergutmachung schwöre ich mit jedem Atemzug meines verbleibenden Lebens, nach dem Weltfrieden zu streben!

Warum willst du Gewalt säen? Der Sturm der Gewalt, den du mit deiner Saat entfachst, wird dich genauso wegfegen. Säe die Friedenssaat und tanz im Frieden an jedem deiner kommenden Tage!

Friedlich genieß ich den Tag.
Friedlich fließt endlos
Das Dasein dahin.

Frieden wird wahr
An jedem Tag,
An dem dein Herz
Friedlich ist.
Frieden ist nah,
Wenn du friedlich
Mit deinen Mitmenschen
Umgehst!

Wir lieben uns in Frieden und können den Hass damit besiegen.

Ich singe für dich, denn ich liebe dich. Ich singe für dich die Lieder des Friedens.

Jeden Tag kommen wir dem Weltfrieden näher. Daran müsst ihr glauben. Dafür müsst ihr arbeiten.

Im Frieden werden deine Wünsche in Erfüllung gehen. Im Krieg wirst du untergehen. Im Frieden wirst du Glück finden. Im Krieg wirst du schreiend sterben.

Der Frieden war. Der Frieden ist. Der Frieden wird sein. In allen Zeiten ist der Frieden unser Ziel!

Nüchtern betrachtet, macht der Frieden Sinn. Aber auch im Rausch der stärksten Gefühle könnte es kein besseres Ziel geben, als nach dem Frieden zu streben.

Menschen, große und kleine, kaputte und heile, träumen seit tausenden Jahren von den Tagen, wenn sie endlich keine Angst mehr vorm Krieg haben.

Strebe im Leben nach den glücklichen Wegen. Nur im Frieden lässt sich wahres Glück erleben?

Stück für Stück holen wir uns den Frieden zurück, bis er die ganze Welt verschluckt und glücklich wieder ausspuckt.

Lieblich friedlich wird jeder Mann niedlich.

Komm ich lad dich ein, Teil des Friedens zu sein. Komm reich mir die Hand, wir wandern ins Friedensland.

Die Kinder leben. Sie streben. Aber sie können nur leben und streben im Frieden. Im Krieg werden ihnen Bomben, Raketen und Giftgas das Leben nehmen.

Im Traum kannst du den Frieden schauen und ihn dann in der Welt aufbauen.

Menschen gehen Schritt für Schritt. Doch gehst du ohne Ziel deiner Wege, woher weißt du, dass deine Füße nicht in Richtung Krieg gehen? Setze deine Schritt voll bewusst mit Friedenslust.

Du hast ein Kind, aber wie willst du verhindern, dass Kriege es zerschinden? Nur durch Taten: friedliche Taten. Nur indem du mit allen Eltern der Erde den Frieden schaffst, kannst du verhindern, dass ein Krieg dein Kind wegrafft.

Alles was ich will, ist Frieden für die ganze Erde. Alles wovon ich träume, ist, dass die Gewalt zwischen den Lebewesen endlich endet!

Ich sitze und er fährt. Fahren wir in den Frieden?

Sprich nicht in meinem Namen, wenn du mit Gewalt handelst. Mein Weg ist gewaltfrei. Sprich nicht in meinem Namen, wenn du Krieg säst. Mein Weg ist friedlich.

Und wieder! Und wieder! Und wieder! Will ich vom Frieden reden. Will ich vom Frieden schwärmen. Will ich den Frieden predigen!

Sanfte Friedensträume schaffen Freiräume, um dem Frieden Platz zum Wachsen zu lassen.

Alle Menschen ohne eine einzige Ausnahme sollen die Früchte des Friedens kosten und das Wasser des Friedens trinken.

Friedliche Klänge lösen die Zwänge in unseren Herzen auf. Friedliche Stimmen singen und lassen den Frieden erklingen.

Stimm ihn an: den Friedenssong. Summ im Singsang des Friedensklangs. Schlag die Friedenstrommel hart. Spiele das Friedensklavier mit Gefühl.

Bin ich Frieden? Wenn nicht, muss ich es werden. Denn wenn ich Frieden bin, kann ich Frieden leben und geben.

Friedenskind tanz geschwind im Friedenswind. Aus deinem Bauch tauchen die Schmetterlinge auf, die Friedensbilder auf ihren Flügeln tragen.

Die Friedenssaat ist ausgebracht. Möge sie reiche Ernte bringen!

Auf den Schwingen des Friedens können wir Glück und Sicherheit für alle Menschen bringen. Mit den Flügeln des Friedens fliegen wir zum Gipfel des Weltfriedens.

Frieden ist das Ziel. Frieden ist der Weg. Leider war Frieden nicht unser Ausgangspunkt. Gedenkt der Opfer der Kriege und erstrebt in ihrem Gedenken die Siege des Friedens.

Der Wahn hat ihn gefangen und seine Raketen fliegen und töten kleine Kinder und große Teenager. Wofür? Nicht für den Frieden, von dem er spricht. Denn ein Krieg kann niemals zu wahrem Frieden führen.

Kleine, weiße Friedenstauben besangen die Kinder in meiner Kindheit. Welche Symbole trägt der Frieden von morgen?

Der Krieg wird dich niemals zum Sieger küren. Denn du und alle die du liebst, müssen dauerhaft um ihr Leben fürchten. Der Krieg bringt dir niemals den Sieg, wenn dein Ziel deine Sicherheit und die Sicherheit aller die du liebst ist. Der Frieden! Ja, der Frieden! Der Frieden kann dir diesen Sieg anbieten. Im Frieden wirst du und deine Liebsten sicher leben.

Wäre der Weltfrieden nur endlich wahr,
dann wäre der Himmel des Geistes klar.

Du willst Frieden, aber willst nichts für den Frieden geben? Dann wirst du dem Krieg dienen. Nach Frieden aktiv zu streben, ist die einzige Garantie, ein Leben lang im Frieden zu leben.

Friedensrosen und Lotusse, die nach Frieden duften. Weiße Nelken und vierblättriger Klee. Geh durch die Gärten. Genieße ihren Duft und sorge dafür, dass Bomben und Giftgas sie nicht zerstören!

Friedensstürme fegen die Kriege davon. Der Friedenswind vertreibt den Hass. Der Friedensregen weicht das Misstrauen auf und der Friedensfrost friert die Kriegswaffen ein.

Frieden in allen Ländern, auf allen Meeren und jedem Berg. Frieden auf jeder Zunge und in jedem Herz.

Ich reiche dir die Hand. Ergreife sie und nimm sie als Friedenspfand.

Wir leben und wir streben. Doch alles Leben und Streben wird im Krieg untergehen.

Wieder geht die Sonne auf und wieder vollendet der Mond seinen Lauf. Wie lange noch wollt ihr Menschen diesen edlen Himmelskörper den Anblick des Elends, der Folter und der Kriege zumuten? Nichts davon macht Sinn. Nichts davon muss sein. Wir haben die Macht Elend, Folter und Krieg für immer zu beenden!

Friedlich sieht sie mich an. Friedlich nehm ich sie in den Arm. Im Frieden lachen und tanzen wir. Frieden ist der Liebe Ziel.

Der Traum vom Frieden muss in jedem Herzen siegen. Erst wenn jeder Mensch der Welt den Wert des Friedens kennt, wird der Weltfrieden ganz von selbst entstehen.

Nur wenn der Frieden siegt, gibt es keinen Krieg! Nur wenn die Hoffnung gewinnt, lacht jedes Kind!

Finde den Weg, der in den Weltfrieden geht. Dann setze Schritt für Schritt und sieh nicht zurück.

Die Tore der Welt hissen die Fahnen des Friedens. Auf den höchsten Glastürmen der Millionenstädte sollen sie wehen, damit alle sie sehen.

Wer träumt vom Frieden, träumt vom Siegen. Wer lebt den Friedenstraum, wird eine bessere Welt aufbauen.

Wir könnten tausend Jahre leben und würden doch nur kriegen, was wir wollen, im Frieden.

Ich seh und geh und renne im Friedenslauf den Berg rauf. Ich ruf und schrei und sing die Friedenslieder. Ich ess und tanz und feier das Friedensfest. Ich komm und bleibe und lebe die Friedenswege.

Friedenskinder sind ein Leben lang Gewinner. Friedenskinder finden Glück auf allen Wegen. Friedenskinder singen Lieder, zu denen Menschenmassen schwingen.

Nur im Frieden wirst du und jeder Mensch, den du liebst sicher überleben. Also wonach solltest du streben, wenn nicht nach dem Frieden?

Friedlich am Wochenende im Bett liegen und den Tag genießen. Sinnlich sich in die Decke kuscheln und glücklich Traumschlösser bauen, als ob es keinen Montagmorgen gibt.

Schau in die Sterne. Liebe die Erde. Bau den Frieden auf. Kletter den Glücksberg rauf!

Sanft kommt der Herbst mit Wind und Regen daher. Hier ist die Natur schön anzuschauen, wenn die bunten Blätter fallen. Ein paar hundert Kilometer weiter östlich fallen weniger schön die Bomben und Raketen.

Bilder vom letzten Krieg zeigen die Folterkammern der Besatzer. Bilder vom letzten Frieden zeigen die Musikfeste, auf denen sich Menschen aller Länder die Hände reichen.

Um nach dem Frieden zu streben, müssen wir alles geben!

Krieg kostet. Krieg frisst Geld. Willst du reich sein, dann lad den Frieden zu dir ein.

Gebt niemals auf vom Frieden zu träumen!
Lasst uns niemals aufhören, das
Traumschloss des Friedens zu bauen!

Wie könntest du dich je im Krieg freuen?
Wie könntest du je im Krieg glücklich
werden?

Wer soll den Krieg finanzieren? Lasst uns
lieber im Frieden reich werden und
Millionen verdienen!

Friedlich und frei, weil das der lebenswerte
Weg sei!

Freiheit hat einen Preis, dessen Namen
Frieden heißt!

Demütig blicken wir zu den Sternen und bitten um den Frieden auf Erden. Welche Wahl haben wir außer zu hoffen nach all den Jahrhunderten voll von Krieg und Unterdrückung?

Lieben im Frieden lässt Menschenherzen fliegen.

Sieh in dein Herz. Ist der Schmerz des Hasses es wert, raus in die Welt gelassen zu werden? Du wirst deine Mitmenschen verderben und sie werden dir mit gleicher Münze antworten und dein Glück verzehren.

Fühle den heilen, reinen Augenblick des Friedens. Kann es etwas schöneres geben?

Wir tanzen. Schritt für Schritt setzen wir rhythmisch im Friedenslicht. Unsere Hüften kreisen zu den Klängen der Friedenslieder. Wir liegen uns in den Armen und lachen, weil der Morgen noch schöner wird als der Abend und doch der Abend schon das wahre Paradies ist.

Der Sieg des Friedens kann die Welt beflügeln.

Freiheit ist kinderreich. Freiheit ist ein Freudenreich. Freiheit gebiert den Frieden.

Knechte der Kette. Gezwungen, als Hunde des Krieges zu bellen. Geschlagen, um andere zu erschlagen. Wie schön dagegen der Knuddelhund, der friedlich und gesund vor dem unzerbombten Haus döst. Innerlich erlöst laufe ich am Garten vorbei und seh den Bernhardiner schlafen.

Friedenskinder mit vollen Mündern. Friedenskinder mit glücklichen Eltern.

Friedlich sei, was uns befreit von Leid, Kummer, Not und Sorgen.

Friedensgespräche können nur an einem Tisch mit Gleichgestellten stattfinden; alles andere ist Diktatur.

Find den Sinn im Frieden darin, dass deine Körperteile nicht von Bomben und Raketen zerfetzt werden.

Das Leben befriedet und gechillt den
Sonnenuntergang genießen.

Friedenschöre singen. Der Platz erschallt
mit friedlichen Stimmen. Mögen sie bis ans
Ende aller Zeiten friedlich erklingen!

Frauenbeine feine. Männerbrust gestützt.
Kinderstimmen finden sich aus dem neun
monatigen Bauch. Nur im Frieden finden
Familien Frieden, um ihre Kinder glücklich
zu erziehen.

Sie und ich. Du im wir. Erlebe. Lebe.
Befriede!

Wir können im Frieden blühen wie die Blumen. Wir können im Frieden fliegen wie die Vögel. Wir können im Frieden strahlen wie die Sonnen und glücklich brodeln wie ein Vulkan.

Sanft plätschert der Bach und Amseln und Meisen begleiten mich am himmlisch, blauen Zelt. Es sind gute Zeiten und die Natur entwickelt sich. Frieden herrscht auf Erden und Mensch und Tier leben einträchtig vereint. Frieden bestimmt unser Leben und Glück ist sein Erscheinungsbild.

Die Straße entlang bis zum Friedenshain. Den Berg hinauf bis zum Friedensgipfel. Ich bin tief getaucht durch schillernde Korallenriffe. Der Morgenhimmel ist getaucht in gelb, orange und blau und dazwischen schaut auch noch ein liebliches Lila raus.

Frieden wird siegen. Denn Sieg bedeutet Frieden. Seit alter Zeit feiern die Menschen das Ende der Kriege. Was sie feiern ist der Friede!

Frieden in allen Sphären. Frieden in allen Schichten. Frieden in allen Köpfen.

Wenn der Weltfrieden endlich beginnt, gewinnt jedes Menschenkind. Wenn wir lachen und friedliche Sachen machen, dann ist das Paradies wahr.

Friere im Krieg oder wärme dich am Frieden. Hunger im Krieg oder iss friedlich.

Frei fliegende Seelen gleiten friedlich am Himmelszelt. Unter ihren Flügelschlägen erstrahlt die Welt und wird heil.

Träumt wieder vom Weltfrieden! Ja, er wirkt jetzt fern. Aber erst wenn wir da sind, wissen wir, wie nah er wirklich war.

Freu dich reich im Friedensreich. Träum dich treu im Friedensraum. Leb dich aus im Friedenshaus. Denn der Raum im Friedensreich ist das schönste Haus.

Tanz in deinem Friedenstraum und bau den Weltfrieden auf. Lauf den Friedensberg rauf und hisse die Friedensfahne!

Frieden ist der Weg, den ich wähle. Frieden ist der Weg, den ich gehe. Frieden ist das Ziel, nach dem ich mich sehne.

In den Kinderseelen schwingt natürlicher Frieden. Erzieht sie so, dass der Frieden bis ins Alter überlebt.

Des Kindes Wunsch ist Lachen. Des Kindes Wunsch sind tolle Spielsachen. Aber Bomben und Raketen, die Spielsachen zerstören, rauben das Kinderlachen und erzeugen Traueraugen.

Wir reichen uns die Hände. Alle Menschen sind dabei. Wir reichen uns unsere Hände einmal rund herum den Erdball und treten ein ins Friedensreich.

Freunde? Worauf warten wir? Da um die Ecke wartet der Weltfrieden. Kommt, wir holen ihn uns!

Treue Freunde überleben im Frieden, denn im Krieg beerdigen sie sich gegenseitig. Wahre Liebe überlebt im Frieden, denn Krieg wird ihre Liebe zerstören. Dein Leben wird im Frieden weitergehen, aber wohin soll es im Krieg führen?

Ein langer Tag im Job. Die Kraft lässt nach. Wofür? Wenn nicht all mein Wirken dem Frieden dient. Wofür? Wenn all mein Schaffen im Krieg zerstört wird.

Sie strahlt in rot und versprüht sexuelle Lust. Frei ausleben konnten wir Menschen unsere Sexualität bisher nur in friedlichen Demokratien.

Frieden im Herzen. Frieden ohne Schmerzen. Frieden auf allen Sternen. Frieden auf Erden.

Friedlich sieht sie mich an und mein Herz fängt an zu tanzen.

Friedenskinder tanzen und lachen. Kriegskinder weinen und hassen. Frieden lässt uns alle siegen. Krieg uns alle verlieren. Willst du lieber siegen oder verlieren?

Der Krieg nahm alles weg. Der Krieg
verbrannte Haus und Feld. Frieden ist ein
ferner Traum, wenn die Soldaten Stellungen
für die Artillerie bauen.

Schön wird es sein, wenn die Zeiten des
Friedens endlich bleiben.

Sieh mir ins Gesicht und erkenne dich.
Nimm meine Hand und halte mich. Ich nehm
die Hand des nächsten und so soll es
weitergehen, bis alle Menschen sich an den
Händen halten. Denn so kann der Frieden
reifen.

Friedensreiche Friedensreiche reichen bis
ans Ende aller Zeit.

Du hast Frieden angestimmt. Sorge dafür, dass er nimmer mehr verklingt!

Stimm den Frieden an. Lass Friedenslieder klingen. Geh in den Friedenschor. Singe für das friedliche Ohr. Spiele auf der Friedensflöte, die Melodien des Friedens. Lerne mit der Friedensmusik zu siegen.

Das Dach der Welt fällt im Krieg. Der Boden verbrennt im Krieg und die Mauern stürzen ein. Dein Haus wird nur sicher sein in Friedenszeiten. Frieden ist das beste Dach. Frieden ist der sicherste Boden und die Mauern des Friedens schützen dich am besten vor den Stürmen.

Friedlich liebt es sich am schönsten.

Der Kinderwagen in Friedenstagen verheißt
ein glückliches Leben.

Freunde für einen Moment, aber auf ewig
Freunde im Frieden.

Ich bin Frieden. Ich bin die Macht, die ihn
wahrmachen kann. Ich bin du und wir sind
ich.

Friedlich genieß ich das Festmahl. Friedlich
schlürfe ich den Mangonektar. Köstlich
lach ich mit meiner Liebsten.

Lebe den Frieden, damit dein Leben im Frieden stattfindet. Sei Frieden, um die Welt zu befrieden!

Ein Tagtraum steht im Raum und er heißt Weltfrieden. Trauen wir uns, ihn aufzubauen.

Die Welt versinkt im Chaos. Seit Jahrhunderten schlittern wir näher an den Abgrund. Was kann uns retten? Der Weltfrieden!

Sie und ich und ihr und wir sind alle hier. Wir könnten tanzen und lachen, statt uns zu streiten und zu hassen, aber das wird nur im Frieden klappen.

Friedensgedanken tanken und die
Schranken auf dem Weg dorthin
zerstampfen!

Ich sehne mich nach dir großer Frieden. Ich
träume von dem Glück, dass du über die
Welt bringst. Ich träume von den Lächeln,
die du in die Kindergesichter zauberst.
Lebe! Aber wie könntest du leben, wenn
nicht Frieden wäre?

Reichen wir uns die Hände und tanzen wir
im Frieden. Heben wir die Gläser und
prosten wir uns den Friedensgruß zu.

Ich will leben und mich nicht verstecken vor
Bomben, Minen und Raketen. Ich will heil
bleiben und nicht erleben, wie mich
Bomben, Minen und Raketen zerteilen.

Wir stürmen in Wogen mit Friedensgefühlen voran und überwinden jeden Widerstand. Wir fliegen mit friedlichen Flügeln ins Land des Friedens.

Frieden kam, sah und siegte.

Er sprach im Namen des Friedens und hoffte, sie würden ihn verstehen. Nur der Frieden würde ihnen grenzenlose Vorteile bieten. Nur der Frieden könnte sie in den absoluten Sieg führen.

Wir, die wir den Frieden lieben, lieben es, uns im Frieden zu lieben.

Sie ist da und wartet auf ein Zeichen. Doch kein Zeichen wird sie erreichen. Sie selbst muss aufwachen und aufhören zu warten. Sie muss beginnen ihren Friedensdienst zu erbringen.

Frieden bringt Gewinn. Im Krieg wirst du verlieren. Nur im Frieden kannst du siegen.

Friedlich sieht sie mich an und lacht frei, als ob ich das größte Glück sei! So was ist nur im Frieden möglich!

Frieden, Frieden und immer wieder Frieden. Über mehr brauchen wir nicht reden, wenn wir den höchsten Sieg ersehnen.

Der Frieden klopft an die Tür. Warum öffnet die Menschheit nicht?

Friedensläufer streifen durch die Heiden und tragen die Nachricht des Friedens in jeden Winkel der Welt.

Lacht mit euren Freunden. Lacht mit euren Familien. Lacht mit euren Liebsten. So fühlt sich Frieden an!

Die Bilder des Krieges sehen und für den Frieden beten.

Gemütlich beisammen sein und sich entspannen, lässt sich nur in Friedenszeiten. Es ist also Zeit, das Beisammensein zu feiern!

Ich will, dass es dir gut geht. Aber wie anders als im Frieden soll das geschehen?

Im Frieden können wir versuchen sie zu heilen. Aber wenn im Krieg die Krankenhäuser zerfallen, können wir nicht mal versuchen ihre Krankheiten zu heilen. Krieg vermehrt das Leid!

Der Fahrstuhl fährt rauf. Wann geht das Friedenskonzept auf? Der Fahrstuhl fährt runter. Wann wird die Welt bunter?

Finsdt'nen Frieden uffm Weg, lassen nich liegen. Nimm´n mit und freu dich am Spieß.

Wähle und wähle dich. Wähle dich friedlich, denn krieglich wählst du dich nicht, denn der Krieg vernichtet dich.

Freudensprünge. Glückstaumel. Sabberlot der Krieg ist tot.

Frei im Frieden, statt in Kriegen an der Kette der Armee zu liegen.

Trau dich und schau in den Spiegel der Zukunft. Du wirst deinen Augen kaum trauen: Die Kinder von Morgen haben es geschafft, den Weltfrieden aufzubauen.

Du sollst mit jedem Gedanken und jedem Wort nach Frieden streben, denn wie sollen deine Enkel sonst eines Tages glücklich leben?

Nur im Frieden wirst du die Erfüllung deiner Träume kriegen. Denn im Krieg wird dein Lebenslicht schnell von Bomben ausgelöscht.

Frieden muss und soll siegen. Wir müssen
den Frieden hinkriegen, selbst wenn wir uns
dafür verbiegen.

Schaut auf die Kinder der Erde! Welches
Erbe außer dem Frieden wollt ihr ihnen
hinterlassen? Wollt ihr etwa, dass sie in einer
Welt des Krieges aufwachsen?

Wieder sitzen meine Glieder hier am Tanz
des Vulkans. Noch immer ist es der Friede,
der meine Träume bewegt. Noch immer
donnern die Raketen nicht weit von hier.

Ich bin der Friede und lade dich ein, wie ich
zu sein. Denn dein ich und meins können
des Friedens Ausgangspunkt sein.

Für immer für den Frieden leben. Kann es was schöneres geben?

Immer wieder vom Frieden reden, denn nichts ist wichtiger, um dein Überleben zu garantieren. Diene dem Friede. Liebe den Friede. Sieg im Fried und dann sing das Friedenslied.

Sind wir? Ja! Werden wir sein? Im Krieg nimmermehr, aber im Frieden um so mehr

Friedenszeit befreit von Sorg und Leid. Friedenszeit bringt den höchsten Gewinn. In der Friedenszeit findest du glückliche und sorglose Kinder. Die Friedenszeit heilt.

Wenn der Frieden bleibt, wird die Welt heilen!

Im Streit entzweit, was der Frieden hätte vereint.

Gemütlich schlittern wir in den Weltfrieden. Endlich werden Freundschaft und Miteinander siegen.

Sie gefiel mir und schon entstand in mir
Frieden.

Ich bau den Grund des Friedens. Ich baue
die Säulen und Wände und dann werde ich
das Haus mit dem Dach des Weltfriedens
krönen.

Nie geb ich den Glauben an den Frieden
auf. Da geb ich dir meine Hand drauf!
Komm sei dabei und lass uns friedlich sein.

Friedlich schlafe ich neben dir ein. Möge ich
friedlich neben dir erwachen.

Ein Volk des Friedens. Eine Welt des Friedens. So was soll es geben! Vielleicht bald hier bei dir und mir.

Friede im Getriebe, denn der Motor läuft mit Friedensbenzin.

Ohne Ende dem Frieden dienen. Denn selbst wenn wir auf allen Vieren kriechen, können wir es so tun, dass wir noch den Frieden vermehren.

Friedlich und glücklich schlaf ich ein. Friedlich und glücklich träum ich fein. Friedlich und glücklich wach ich auf und die Sonne lädt mich ein, Teil des Paradieses zu sein.

Friedensläufer stürmen den Friedensberg hinauf. Kein Moment vergeht an dem sie nicht höher streben bis zum Gipfel des Weltfriedens.

"Könnte ich die Welt retten", sagte er, "und lösen alle Ketten, die uns davon abhalten, wirklich nett zueinander zu sein."

Leb, als ob der Morgen Frieden wäre. Leb, als ob du nach Frieden strebst. Leb, als ob der Frieden alles wäre, was zähle.

Tausend Träume kannst du träumen. Ist der Traum vom Frieden nicht dabei, war es verschwendete Zeit. Tausend Wege kannst du gehen. Ist der Weg des Friedens nicht dabei, solltest du keinen davon wählen.

Der Frieden unerhört wartet unbetört auf euch Menschenkinder. Ladet ihn ein und er wird erscheinen. Doch noch ziert ihr euch aus dummen Grund. Ihr glaubt, er käme nicht. Ihr glaubt, es gäbe ihn nicht. Ihr glaubt, die Welt wäre auf zu schwachem Grund gebaut, um den Weltfrieden zu erbauen. Aber glaubt das nimmermehr und ladet ihn ein und schon bald schwimmt ihr im Friedensmeer einer glücklichen Welt mit genug Geld für jedes Menschenkind.

Spring und sing und tanz und lach. Im Frieden kannst du das machen. Im Krieg musst du marschieren und Schützengräben ausstaffieren. Da ist keine Zeit für schönen Sachen wie lachen und tanzen.

Keine Zeit. Keine Zeit. Der Frieden ist
nicht weit und ich muss rennen, um ihn zu
erwischen.

Bumm macht das Haus und fällt drauf.
Zisch macht die Rakete und begräbt Oma,
Opa und Knete, den kleinen Schmusekater.
Kawumm macht die Bombe und raubt Papa
ein Bein und dem Nachbarn sein Heim.
Knatter, knatter macht das Gewehr und
stiehlt immer mehr. Die Krater sind hohl
und drin liegt tot ein Sohn.

Den Frieden lieben statt den blöden
Kriegen, in denen unschuldige Menschen ihr
Leben verlieren.

Freunde. Freunde. Wir brauchen nur uns, um den Frieden aufzubauen. Jeder hat Freunde und wenn alle Freunde eurer Freunde ihre ganzen Freunde zusammen trommeln, umfassen wir bald die ganze Welt.

Mein ganzes Leben will ich nach dem Frieden streben. Es soll kein Augenblick vergehen, an dem ich nicht wandel auf den Friedenswegen.

Frieden ist der Weg und Frieden ist das Ziel. Es wäre so leicht, wenn Frieden auch unser Ausgangspunkt wäre. Aber das ist er nicht; doch das hält uns nicht davon ab loszugehen.

Scheiß auf die Vergangenheit, lass uns nach vorne in den Frieden schauen!

Ergreift den Frieden und lasst ihn nie mehr los. Ergreift euer Glück und lasst es nie mehr los. Fliegt mit weiten Flügeln. Seht ins blaue Himmelszelt.

So viel Leid hat der Krieg uns Menschen gebracht. Seid ihr es nicht leid, eure Leben zu riskieren für ein paar Verrückte, die kommandieren?

Tausend Jahr und mehr gab es keinen Tag, an dem nicht der Krieg auf dieser Erde tobte. Wann habt ihr genug und beginnt alles zu tun, damit weltweit Ruhe einkehrt?

Wie lange wollen wir den Frieden noch vor uns hertreiben, bevor wir ihn ergreifen?

Träume vom Krieg bringen dir nicht den Sieg. Aber träume vom Frieden und jeder, den du magst inklusive dir selbst, wird siegen.

Wir haben die Chance auf Erden ein Friedensreich zu erwerben und es unseren Erben zu vererben, damit sie glücklich werden.

Worauf warten? Zeigt der Welt eure Heldentaten. Werdet Retter der Welt und Macher des Friedens!

Treue Freunde gebiert der Frieden, denn im Krieg werden sie an ihren Gräbern knien.

Was der Krieg nicht kann, ist glücklich machen. Was der Krieg nicht bringt, ist Gewinn. Was der Krieg nicht will, ist Liebe.

Friedlich sitz ich und stell mir bildlich vor, wie schön der Weltfrieden wäre, wenn er endlich geschähe.

Noch einer und noch einer, der versteht, dass nur der Frieden uns alle zu Gewinnern macht. Wann versteht es die ganze Welt?

Trau dem Frieden, denn der Krieg will uns alle betrügen!

Friedlich schließt sich der Kreis und die Erde wird zu einer Art Himmelsreich.

Wie willst du gewinnen, wenn nicht der Frieden siegt? Denn im Krieg wird dir alles genommen.

Ich seh deine Hand und greife zu. Im Freiheitstanz kreisen wir friedlich, denn dies ist der perfekte Moment. Unser Glück wird die Welt verändern!

Treu und frei. Friedlich und reich.
Glücklich sei, was alles lebendig hier
verweilt.

Die Vögel fliehen und ziehen in Scharen,
denn der Herbst beginnt. Das Jahr war
hart. Krieg und Armut reichten sich die
Hand, als ob Klimakollaps und Pandemie
nicht schon beste Freunde wär'n. Dunkle
Tage kommen. Glaubt an den goldenen
Sonnenaufgang. Glaubt an ein Zeitalter des
Friedens, wo wir alle genug kriegen und nie
wieder darben wie in den alten Tagen.

Wagt und gewinnt den Weltfrieden!

Den Frieden mit beiden Händen ergreifen und nie wieder von seiner Seite weichen: das ist das große Ziel des Menschengeschlechts!

Der Frieden muss endlich siegen, denn sonst wird es keinen Morgen geben!

Der Frieden bringt das größte Glück für jedes Menschenkind. Der Frieden schafft Stück für Stück die heilste Welt. Der Frieden ist das reinste Glück für dich und mich.

Im Friedensreigen sich die Hände reichen und tanzen und lachen über das Wunder des Friedens.

Wenn der Frieden siegt, dann siegt jedes Menschenkind. Wenn der Frieden bleibt, wandern wir ins Glücksreich. Wenn der Frieden gewinnt, freut sich jedes Kind.

Der Frieden; welch magisches Wort lebt im Krieg an einem fernen Ort. Alle Menschen bitten ihn her und wünschen sich sehr, dass er bald zurückkehrt. Der Frieden; welch wunderbare Sache, wird viel verehrt und erbeten von der Mahnwache.

Wir halten es in der Hand, ob wir morgen betreten das Friedensland. Wir haben die Macht, die den Frieden erschafft. Wir sind der Grund, auf den wir den Frieden bauen. Lasst uns glücklich in die Zukunft schauen und auf die Herzen der Menschen vertrauen.

Kinder des Friedens besingen ihr Glück mit Millionen Stimmen. Denn ihre Lieder erklingen in den Zeiten des Friedens zur Musik der Freiheit und des Reichtums aller Erdenkinder.

Wir sind frei. Wir sind glücklich. Wir sind reich. Der Grund ist einfach, da er Frieden heißt.

Es gibt keinen Sieg außer dem Fried. Gibt es nicht, gab es nicht und wird es niemals geben.

Wir sehnen uns nach Frieden, während die Raketen fliegen und Menschen fliehen. Erinner dich an die Schule voller Kinder, die von den Bomben getroffen, für immer verschüttet wurden.

Im Herbst fällt das Friedenslaub. Im Winter stapfe ich durch den Friedensschnee. Im Frühling blühen die jungen Friedensknospen. Im Sommer kannst du die Früchte des Friedens kosten.

Frieden annehmen. Lass dein Herz Frieden sein. Lass deine Zunge friedlich reimen. Lass deine Fäuste Frieden malen und lass deine Füße zum Frieden gehen. Leb ein friedliches Leben. Sei ein Friedensmensch mit Haut und Haar, von der Krippe bis zum Sarg.

Am Telefon über die Vorzüge des Friedens reden. Im Fernsehen nur noch friedliche Shows sehen. Ausschließlich Friedenslieder singen. Das sind die ersten Schritte, wie du zum Frieden in der Welt beiträgst!

Frieden finden mit jedem Atemzug. Frieden finden in jedem Gedanken. Frieden leben mit jedem Schritt.

Nur Frieden sichert unser sicheres Überleben. Nur im Frieden können wir den Kindern Hoffnung geben. Nur im Frieden wirst du glücklich leben.

Du hast die Kraft, die Frieden schafft in dir. Du bist stark genug für den befriedenden Siegesruf. Du hast Macht, Stärke und Größe in dir. Warte keine Sekunde länger und setz all deine Gaben für den Frieden ein!

Wir leben. Wir lieben. Wir lachen. Denn es ist Frieden.

Bomben und Raketen. Panzer und Drohnen. Wir könnten die ganze Welt ernähren und für jedes Kind kostenlosen Unterricht anbieten mit dem Geld, das jährlich für Kriegsgerät verbrannt wird.

Zerbombte Häuser. Krater in der Straßen. Die Bilder im Fernsehen machen Angst. Hast du Angst? Fürchtest du dich vorm Krieg und ist deine Furcht schon groß genug, damit du rausgehst und etwas für den Frieden tust? Oder besteht dein Leben noch aus shoppen, bingen und Internet suchten? Wenn ja, dann wirst du den Krieg hier bei dir nicht verhindern können!

Eine Brise bringt den Duft des Friedens. Das kühle Friedenswasser spült glückliche Wellen an den Strand der Welt. Ich bade darin und atme befreit ein.

Für alle Menschen: alle! Für jeden einzelnen; selbst den Jüngsten und den Kleinsten: Brauchen wir Frieden!

Fried. Sieg. Krieg. Verlier. Lachen starb am Holzsarg. Freude schwang am offenen Grenzübergang.

Siechen in Kriegen. Hungern mit verschimmelten Resten. Pest oder Cholera. Grippe und Corona. Masern und Schnupfen in den zerbombten Unterschlupfen.

Find den Fehler! Krieg.

Wohlstand und Reichtum bringt der Frieden. Doch wir würden ihn im Krieg wieder verlieren.

Wie oft musst du noch Bilder vom Krieg sehen? Wie oft noch die Geschichten der Kriegsopfer hören? Wie oft musst du noch die Gräuel des Krieges verstehen? Wie oft noch, eh du begreifst, dass wenn du nichts aktiv für den Frieden tust; dann könntest du bald ein Opfer des Krieges sein!

Der Sinn des Friedens ist es, glücklich und frei zu leben. Der Sinn des Krieges ist es, unsere Heimat zu zerstören.

Kleine Kinderhände. Abgetrennt. Verbrannte Haut. Splitter im Granat. Phosphorflecken auf den Kinderdecken und der Geruch von jung verbranntem Fleisch. Das ist der Preis eurer Kriegspolitik.

Der Frieden gewinnt, damit wir glücklich sind. Der Frieden siegt, damit wir uns lieben. Frieden heilt und befreit. Frieden macht das Leben lebenswert.

Jeder von uns will glücklich sein. Jede von uns will sich vom Zwang befreien. Jedes Kind will spielen. Alle Menschen brauchen Frieden.

Dieser Tag könnte der erste Tag des Weltfriedens sein. Ist er es nicht, dann frag dich, welche Zutaten zum Weltfrieden fehlen?

Friedenszeit heilt das Leid. Krieg vermehrt das Leid und tötet und zerstört, was uns gehört. Die Wahl ist klar: Es muss der Frieden sein, der unsere Ängste heilt.

Finde den Fehler im Getriebe der Welt, der die Entwicklung des Friedens immer noch aufhält!

Frieden lieben und Freiheit umarmen. Ich setze Schritt für Schritt in einem wilden Tanz. Ich greife deine nackte Hand und tanz gebannt um dein schönes Gewand. Die Welt lacht. Die Welt feiert. Die Welt gewinnt, wenn jeder Mensch glücklich, frei und wohlhabend ist.

Frieden komm! Frieden erschein! Frieden sei!

Im Wahn schrie er jeden an: Wie rette ich
die Welt?!?

Ich sehn mich nach dem Frieden. Ich träum
davon, dass sich alle lieben.

Frieden auf Erden und unsere Erben
werden tanzen. Krieg hier und sie werden
schniefen an unseren zerfetzten
Gliedmaßen, die verteilt liegen auf den
Straßen nach den Häuserkämpfen.

Wir werden eh alle sterben, lasst uns
deshalb lieber unsere verbleibende Zeit auf
Erden friedlich verbringen.

Friedensstund auf Erdengrund.
Friedensgipfel erklommen und den Wolken
des Friedens zugesehen, wie sie am Himmel
ihre Bahnen ziehen.

Große Träume. Gibt es einen größeren als
den Weltfrieden?

Friedlich senkt sie ihr Haupt und flüstert in
mein Ohr: Ich liebe dich!

Lebe ein Leben lang im Einklang mit dir und
der Welt. Das ist der Friedenspfad.

Find den Frieden in Sträuchern und Büschen. Find den Frieden in Bäumen und Hügeln. Such den Frieden in den Mündern der Welt. Such ihn in den Herzen der Menschen.

Frieden sprießt und das Volk genießt. Frieden wächst und Liebe und Sex werden zur Weltmacht.

Dort oben will ich stehen und winken, wenn all diejenigen die Kämpfen die Nachricht des Friedens erhalten und nach Hause eilen.

Der Krieg ist vorbei! Diese Nachricht kam und die Menschen strömten auf die Straßen und ein Freudenfest erfasste die ganze Stadt. Der Krieg ist vorbei. So lange Zeit hatten sie gewartet. So viele Opfer hatten sie zu beklagen bis zu diesem Tag; doch endlich war es vorbei und die Welt wieder frei.

In meinem Herzen tobt ein Sturm und die Sehnsucht nach der Ruhe des Friedens.

Sich niemals scheuen, sich über den Frieden zu freuen; denn ist er mal vorbei, wirst du es bereuen.

Freunde im Frieden siegen. Freunde im Krieg lernen zu hassen und sie lernen es loszulassen, wenn sie an ihren Gräbern steh'n.

Find dich damit ab: Der Weltfrieden klappt. Sieh es ein: Frieden muss sein!

Nie wieder Krieg und bis zum Ende der Sonne Lebenszeit wird es nur Frieden in der Galaxie geben.

Friedlich lebt es sich am schönsten. Was gibt's da noch zu diskutieren: Nur im Frieden kannst du glücklich leben!

Friedenskinder lachen und tanzen. Ihre Freude ist der Grund, warum wir so hart für den Frieden arbeiten!

Frieden wird siegen, denn wir Menschen lassen uns nicht unterkriegen.

Wenn der Frieden gewinnt, lacht jedes Kind. Wenn der Frieden siegt, endet der Krieg. Wenn der Frieden triumphiert, werden die Panzer ausrangiert.

Ein kleiner Traum wächst am Friedensbaum.

Nur für den Frieden küss ich dich. Nur für den Frieden greif ich deine Hand zum Tanz. Nur für den Frieden lach ich, wenn du einen Witz erzählst. Nur für den Frieden kuschel ich mich an dich.

Friedensfanfaren blasen. Friedenstrompeten geben den perfekten Klang.
Friedenstrommeln schlagen den Takt dazu.

Am Morgen will ich friedlich sein und den Rest des Tages friedlich verweilen. Wenn der Schlaf mich Abends fängt, dann schlaf ich mit Friedensträumen ein.

Frieden ist ein ferner Traum, wenn die Panzer fahren und die Söhne von harten Autokraten an die Front entführt werden. Särge kommen heim. Es sind leblose Knochen. Selbst die Panzer enden als Skelette im Straßengraben. Frieden ist ein ferner Traum in der Hitze des Krieges.

Wer von euch hat die Macht, sein ganzes Herz bis zum letzten Atemzug friedlich schwingen zu lassen? Wer von euch ist wandelnder Frieden? Wer von euch will mit jeder Bewegung Frieden erschaffen? Wer von euch ist bereit für den Weltfrieden?

Friedenstratsch im Schulhofmatsch.
Friedenskund aus Kindermund.
Friedensquatsch im Fußballtor. Friedenstang im Schuleingang.

Nach Frieden streben, damit das Leben lebenswert bleibt. Nach dem Prinzip des Friedens leben, um allen Menschenwesen ein lebenswertes Leben zu schenken!

Dir hängt der Frieden zum Halse raus. Ist es dir lieber, ein Bomber zerbombt dein Haus? Du bist genervt von den langweiligen Friedensgesprächen. Ist es dir lieber, das Giftgas tötet deine Liebsten? Du hast keinen Bock auf den Friedensquatsch. Ist es dir lieber, die Raketen machen deine Heimat platt?

Frieden in der Welt entsteht aus dem Frieden im Herzen.

Mütter der Erde lasst euer Erbe Frieden sein. Schenkt euren Kindern und Kindeskinder eine heile Welt.

Friedlich einzuschlafen und friedlich zu erwachen ist eines der größten Geschenke, die dir die Welt machen kann.

Hektik und Stress machen die Probleme nicht weg. Probier's mit Gemütlichkeit und beende Zank und Streit.

Nimm zwei und multipliziere, addiere und rechne mit jeder Zahl. Wenn dein Ergebnis Frieden ist, hat sich die Aufgabe gelohnt.

Alles wird dir der Krieg nehmen. Alles wird dir der Frieden geben. Alles wirst du im Krieg verlieren. Alles wirst du im Frieden gewinnen. Alles!

Momente des Friedens liegen meist verborgen in deinem Alltag rum. Werde ein Schatzjäger des Friedens. Suche die kleinen friedlichen Momente und gib dich ihnen hin.

Tausend und eine Nacht und der Frieden erwacht.

Des Krieges Schatten steht über der Welt. Sein Sturm reißt Straßen auf und spült Häuser davon. Viele Menschen werden Obdachlos und ertrinken in der Kugelflut. Die Ernten werden vernichtet und der Hunger wächst. Die Welt hält den Atem an. Kein guter Morgen ist in Sicht. Der Nebel Der Bomben und Raketen macht das Sehen Ungewiss.

Jeden Moment, den wir nicht nach Frieden
streben, wächst die Gefahr von Kriegen!

Alles was schön ist, wird im Krieg kaputt
gehen. Alles was lebenswert ist, wird im
Krieg zerstört werden.

Spring hoch und lande weich im
Friedensreich.

Wie stehen die Chancen für den Weltfrieden? Sie stehen gut, abgesehen davon, dass er das größte Wunder seit Menschengedenken wäre.

Warum nicht so leben, dass Träume wahr werden? Warum nicht vom Weltfrieden träumen?

Ist der Weltfrieden erst da, wird jeder Mensch sicher sein. Ist der Weltfrieden erst wahr, werden unsere Sorgen vergessen. Ist der Weltfrieden nah, werden wir Befreiung spüren und das Gefühl wird überhand nehmen, glücklich zu sein.

Im Frieden aufgehen und nie wieder untergehen.

Sinn in der Welt findet sich in den zarten Regungen des Friedens. Denn Frieden lässt uns alle sicher überleben. Keinen Sinn wirst du im Krieg finden. Er raubt unser Geld; raubt unsere Häuser und raubt unsere Leben.

Greif zu, wenn der Frieden da ist. Warte nicht, wenn es eine Chance auf Frieden gibt. Nimm den Frieden an. Lass uns friedlich anfangen.

Wir sind die Kinder der Erde. Ein furchtbares Erbe wurde uns übergeben. Es ist voll Krieg, Folter und Gewalt. Wir sind die Erben, aber wir können dieses Erbe zerstören und den Kindern von Morgen Frieden, Sicherheit und Reichtum mit auf den Weg geben. Wir können besser sein als die, die uns den Krieg vererbten. Wir können die sein, die Frieden für die zukünftigen Generationen stabil und wahr werden lassen.

Noch immer zweifeln zu viele, dass der Weltfrieden möglich wäre. Aber ihr Zweifel ist der Grund, warum wir dem Frieden nicht näher kommen. Zweifelt nicht länger! Glaubt an den Weltfrieden!

Freude finden in den Friedensspielen. Lachen lernen im Frieden.

Wieder ein Morgen und nicht weit von hier fliegen die Raketen in Wohnungen, Schulen und Krankenhäuser. Ein verrückter, größenwahnsinniger Mann hatte die Macht und hat's gemacht. Das geschah so oft in der Geschichte. Wann verhindern wir das?

Ich sehe über die Welt. Warum? Warum? Warum sind wir Menschen immer noch so dumm? Die Geschichte beweist, Krieg und Streit bringen uns nicht weit. Sie bringen nur Verlierer und keinerlei Gewinner. Doch noch immer gibt es Dummköpfe, die auf Streit und Krieg vertrauen, um die Welt aufzubauen. Ihr macht sie nur kaputt. Die Kinder von Morgen werden Trümmerkinder sein wegen eurer Dummheit!

Hilf deinem nächsten. Hilf dir selbst. Hilf der Welt.

Gemeinsam bauen wir den Frieden auf.
Gemeinsam. Zusammen. Wir.

Träumt wieder Kinder der Erde! Träumt vom Frieden. Träumt von euren Siegen. Träumt von euren Schätzen. Träumt von Liebe.

In tausend Jahren soll kein Tag Frieden auf Erden gewesen sein? Tausend Jahre Krieg! Wann beginnen tausend Jahre Frieden?

Ein Kreisel dreht sich. Ein kleines Kind spielte mit ihm. Es nahm ihn. Zog ihn auf und ließ ihn drehen. Es knallte. Ein Schrapnell zerfetzte seine Kopf. Es liegt blutüberströmt, aber der Kreisel dreht sich noch.

Wenn all die Kinder im Bombenhagel sterben. Fragt ihr euch dann auch, warum haben unsere Politikerinnen es nicht kommen sehen? Warum war ihre Diplomatie nicht gut genug, um den Bombenhagel zu verhindern? Neue Männer und Frauen braucht das Land: Solche die den Frieden auf höchsten Ebenen vermitteln! Neue Männer und Frauen braucht das Land!

Wir packen an. Wir bauen auf. Wir schmieden und schleifen. Denn wir sind die Handwerker des Friedens.

Frieden ist das Geschenk. Unsere Generation sollte es der nächsten schenken.

Hilf! Hilf ihnen und hilf dir selbst mit Frieden.

Friedliche, kleine Kinderaugen schauen das erste Mal auf die Welt. Wie hart bist du bereit für deine Kinder zu schuften, damit sie im Frieden leben können?

Friedenstraum ist noch Schaum. Doch er wird reifen und sich entfalten. Dann wird er härter als Stahlbeton.

Die Hoffnung auf Frieden auf Erden darf niemals sterben. Sind die Tage dunkel von den Flugzeugstaffeln. Stürmt es Bombenhagel und Raketengewitter. Ist der Morgennebel giftiges Gas und jeder Spaziergang ein Labyrinth zwischen Tretminen: Selbst dann dürfen wir die Hoffnung auf Frieden niemals aufgeben!

Wir reichen uns die Hände und zerstören die Widerstände, um endlich friedlich vereint zu sein.

Diese Welt muss heilen und sich von allem Krieg befreien!

Die Nachrichten überschlagen sich. Die Bilder sind voll Kinderleichen und Kriegstrümmern. Es ist leicht zu verzweifeln. Doch der Zweifel am Frieden hat uns erst in den Krieg getrieben!

Seit Jahrhunderten weinen die Mütter um ihre Söhne, die als Kriegsleichen zurück nach Hause kommen. Seit Jahrhunderten stehen Väter an den Gräbern ihrer Kinder, die der Krieg ihnen viel zu früh entrissen.

Friedensfanfaren blasen die Melodie des Sieges. Nur der Frieden ist ein Sieg, denn alles andere ist Krieg und dabei zu zerstören, was wir Leben nennen.

Finde in dir den Frieden und dann hilf anderen, ihn auch zu finden.!

Der Tag des Weltfriedens rückt mit jedem Tag einen Tag näher. Er wird kommen! Es ist ein Gesetz! Der Weltfrieden wird kommen. Ich weiß nicht, wie lange es noch dauert. Aber ich weiß, eines Tages wird der Weltfrieden da sein!

Glaubst du in Kriegen könnte die Liebe sprießen? Nein! Im Krieg stirbt alle Liebe.

Friedensmomente. Kinder lesen über den Frieden. Schulklassen reden über den Frieden. Die Jugend kennt nur Frieden. Das sind die Zeiten, von denen wir seit ungedenken träumen.

In meinem Friedenstraum baue ich mir ein Schloss. Es ist die Burg des Friedens und ihre Tore stehen jedem offen.

Frieden siegt und jeder gewinnt. Frieden verliert und im Krieg verlieren wir unsere Leben. Was kann ein Toter noch gewinnen?

Es endet: der Bombenhagel, die Raketensalven, die Maschinengewehrdonner und die Giftgasfunken.

Vergib und der Frieden siegt. Vertrau und bau den Frieden auf. Liebe wie der Friede.

Ich liebe den Frieden. Denn was könnte es schöneres geben?

Lehrt unsere Kinder, mutig Fragen zu stellen: Wie rette ich die Welt?

Find dich damit ab, der große Frieden findet statt!

Friedlich über die Felder schauen und durch die Wiesen streifen. Die Vögel spielen und ein Eichhörnchen springt. Wild klettert es den Baumstamm rauf. Ich atme ein und der Duft des Waldes füllt meine Lungen.

Wenn der Frieden kommt und bleibt, dann
ist Partyzeit.

Ich dreh mich und seh den Menschenlauf
der Jahrhunderte. Zu viel Krieg. Zu viel
Gewalt. Zu viel Zank und Streit. Ich seh
nach vorn. Ich kann den Frieden sehen.
Hört ihr! Ich seh den Frieden. Da! Ganz klar!

Im Wahn haben wir Menschen uns
schlimmes angetan. Werden wir wieder klar
und reichen uns die Hand. Verlassen wir den
Kriegsschauplatz und kehren heim ins
Friedensland.

Ich wünsche Frieden all meinen Freunden
und all meinen Feinden. Jeder meiner Feinde
soll wissen, dass ich bereit bin, ihm die Hand
des Friedens zu reichen!

Ich bin. Du bist. Lass Frieden uns vereinen.

Friedlich sieht die Welt schön aus. Friedlich strahlt das Blau der Erde einfach besser.

Sieh hinauf. Sieh hinunter. Hör auf zu glauben, dass irgendein Mensch höher oder tiefer oder mehr oder weniger Wert ist als du. Denn daraus entstehen Kriege!

Glaubt. Glaubt, wenn ihr wollt. Aber wenn ihr glaubt, dann glaubt an den Frieden und glaubt, dass ihr die Erschafferin des Friedens seid!

Seit den ersten Tagen wünschen wir uns Schutz. Seit dem Anbeginn unserer Menschheit wollen wir glücklich sein. Seit Ewigkeiten sehnen wir uns nach Frieden und dem Gefühl willkommen zu sein.

Wenn du lachst, ist es, als ob der Frieden erwacht. Wenn du weinst, ist es, als ob die Kriegssirenen schreien. Wenn du tanzt, ist es, als ob der Weltfrieden erstrahlt. Hör nie auf glücklich zu sein, denn sonst wird die ganze Erde um dich weinen.

Frieden finden in jedem Wort. Frieden finden in den Gesprächen der Menschen. Wie wir miteinander reden, kann friedlich oder kriegerisch sein. Aus Worten entstehen Kriege. Aus Worten entsteht der Frieden.

Ich vergebe euch. Wir sind Gefangene in den Werten, die uns die Welt einprägt. Doch wir können uns befreien. Wir können heilen. Wir können friedlich sein.

Die Hoffnung lebt, dass der Frieden weiterbesteht. Der Glaube wächst durch das Friedensfest.

Wir sind und wollen sein. Der Frieden wird uns alle vereinen.

Gib nicht auf an den Frieden zu glauben!

Eine Welt wie diese. All die Hungernden und Unterdrückten. Die Vergewaltigten und Versklavten. Die Kriegsopfer und Flüchtlinge. Der Ausgestoßenen und die Bettelnden. Eine Welt wie diese muss endlich heilen! Eine Welt wie diese muss sich von ihrem Erbe befreien. Eine Welt wie diese muss ihre Güter gerecht aufteilen.

Frieden liegt in der Luft. Ich atme seinen Duft.

Die Macht Leben zu retten, liegt in euren Händen. Aber sie wird versiegen, wenn ihr eure Zeit vorm Handy verplempert und die Menschen werden sterben, die ihr hättet retten können.

Der Weltfrieden beginnt und er überlebt, solange die Welt fortbesteht.

Ein Moment des Friedens. Ein Augenblick des Glücks. Schon wissen wir, dass unsere Träume möglich sind.

Gemeinsam. Miteinander. So wird Frieden. Einer über andere. Führer und Könige. So wird Krieg.

Ich will ein Lehrer des Friedens werden und allen Menschenkindern den Frieden lehren.

Wir brauchen ein Symbol, an das jeder anständige Mensch glauben und nach dem jeder Mensch streben kann. Nur der Weltfrieden kann das sein. Denn nur er hat die Macht, uns alle zu vereinen!

Ich ess und schlaf und werde gechillt wach. Das ist alles ganz normal, weil Frieden ist. Im Krieg gibt's das so nicht.

Friedenssturm und Friedensregen. Im Wasser des Frieden will ich schwimmen und die friedliche Sonne genießen.

Was auch immer dich davon innerlich abhält, dein ganzes Leben dem Friedensdienst zu widmen. Es ist die Kraft, die dich oder deine Kindeskinder im Krieg erwachen lässt. Streb nach Frieden an jedem Tag. Sonst erwachst du möglicherweise im Krieg.

Friedliche Momente genießen. Sie sind der Grund eines glücklichen Lebens.

Für immer frei und glücklich leben ist das, wonach alle Menschen streben.

Freu dich deines Lebens, solange Frieden auf Erden ist. Fürchte um dein Leben, wenn der Krieg beginnt.

Friedenstracht zum Friedensfest. Wenn der Friedensumzug seine Kreise zieht.

Ich sehne mich. Sehnst du dich auch? Wonach? Nach dem Ende aller Gewalt gegen Kinder. Ich sehne mich danach, dass nie wieder ein Kind geschlagen, erstochen, erschossen oder zerbombt wird!

Der Frieden scheint fern. Aber woher weißt du das? Vielleicht liegt er hinter dem nächsten Sonnenaufgang!

Tag ein. Tag aus. Die Bilder vom Krieg. Panzerleichen. Bombenhölle. Massengräber. Raketengewitter. Tag ein. Tag aus. Sinnloses Menschensterben. Keine Seite gewinnt. Das ist Krieg.

Sie und ich. Liebe vereint und befreit von den Gedanken an Gewalt. Liebe ist gelebter Frieden.

Wir greifen nach dem Frieden, doch wir greifen ins Leere. Wo ist der Frieden abgeblieben. Wir suchen ihn, doch finden ihn nicht. Frieden komm zu uns; verlass uns nicht!

Mein Herz soll Frieden sein. Zu viele Menschen weinen wegen des Krieges und den Folgen, die ihm entspringen. Mein soll Frieden sein. Aus meinem Herz soll der Frieden entspringen und die Menschen zum Lachen bringen.

Frieden sehen. Mit Frieden gehen. Friedlich leben.

Wie schenkt man dieser Welt Frieden?

Aus unseren Gedanken formen sich unsere Taten. Also müssen wir damit beginnen, friedlich zu denken, um unsere Taten zum Frieden zu lenken.

Ich halte mich am Frieden fest, denn nur er gibt dieser Welt Sicherheit. Nur der Frieden sichert das Überleben. Also willst du sicher leben, dann kämpfe für den Frieden!

Hand in Hand spazieren gegangen. Unsere Küsse sind der Beweis des Friedens, der verborgen liegt im Lieben.

Im Gras liegen und den Duft der Friedensblumen einatmen. In den Himmel starren und mit den Friedenswolken fliegen. Den Friedenstauben zusehen, wie sie ihre Spiele am blauen Himmel spielen und sich nichts denken, außer niemals miteinander zu kämpfen.

Frieden. Frieden. Frieden: Heißt trotz dem größten Widerstände im Herzen, dem Feind die Hand zu reichen.

Frieden finden und ihn nie wieder hergeben.

Innerlich vom Stress befreit, heilt Körper und Geist. Der Job ist toxisch für nichts und wieder nichts. Keiner macht damit Gewinn. Frieden im Beruf und echte Wertschätzung wären ein Win Win.

Friedenslied im Luftschutzbunker. Während die Sirenen heulen, träumen sie von einer heilen Welt.

Nie wieder sollen Menschen sich gegenseitig foltern. Unsere Gesundheit ist heilig und wer sie vorsätzlich zerstört, handelt gegen die ganze, große Menschheit. Stehen wir gemeinsam auf und beenden das Foltern für immer! Für immer! Für immer!

Er ist so nah. Er wird bald wahr. Er entsteht und besteht: Frieden.

Ich träume vom weltweiten Frieden. Ich weiß, dass Träume manchmal wahr werden. Ich hoffe, dieser Traum wird es!

Die Zeichen des Friedens strahlen am blauen Firmament. In den Strahlen der Sonne spüre ich den Frieden. Mit jedem Schritt auf dem Erdengrund gehe ich ihm entgegen. Frieden auf Erden. Frieden am Himmel. Frieden in den Sternen. Frieden für uns und unsere Erben.

Greif nach dem Frieden. Fang den Frieden. Such den Frieden. Finde ihn und lass ihn niemals wieder gehen.

Den Frieden will ich besingen. Den Frieden will ich ertrommeln. Ich summe die Friedensmelodie und klatsche im Friedensrhythmus.

Fern und doch nah. Wahr und noch unvorstellbar: der Weltfrieden.

Mit dir schreite ich über die Grenze, hinter der der Weltfrieden liegt.

Ein Kind des Friedens taucht in den Ozean der Weisheit. Das Wasser des Glücks umhüllt seinen Körper und die Wellen der Freiheit tragen es davon.

Blondes Haar. Braune Haut. Rote Sommersprossen. Zwischenfrieden.

In dem Moment wenn der Weltfrieden beginnt...

Friedlich unter euch! Von mir geht keine Gefahr aus, denn ich bin ein Kind des Friedens.

Freiheit erkauft mit dem Blut und Schweiß
der Generationen von Freiheitskämpfern.

Durch die Wände der Realität ist der Alltag
von der Traumwelt getrennt. Ich greife
durch die Wand der Illusion und zerre aus
dem Land der Träume den Weltfrieden in
diese Welt.

Ich träum von einer netten Welt. Verurteile
das Wort nett nicht und nimmer mehr. Die
Welt wär so schön, wenn sie netter wär.

Finde Frieden und lass dich nicht von
deinem Job oder Boss unterkriegen!

Friedensgespräche. Friedensessen.
Friedensfeste. Frieden leben.

Wenn der Frieden gewinnt, freut sich jedes
Kind. Wenn der Frieden verliert, nimmt das
die Hoffnung zu leben.

Immer seltener werden die Worte des
Friedens im Radio und TV. Auch das
Internet ist kein Ort der Friedensbewegung.
Medien ohne Frieden werden keine
glückliche Gesellschaft bringen. Sie werden
Quellen der Gewalttaten, die in den Krieg
führen.

Lebt der Frieden in mir oder brauche ich reanimierende Friedensmaßnahmen?

Friedlich am Strand. Friedlich mit dem Cocktail in der Hand. Im Strandkorb sitzen bis die Sonne untergeht und dann in den Strandbars wild abgehen. Das ist schönes Leben. So sollte es immer gehen.

Friedlich küsst sie mich mitten ins Gesicht.

Friedlich und niedlich. Glücklich und frei. Lachend und heil. Freundlich und sinnvoll.

Feiern und lachen sind Friedenssachen.
Leben und streben im Frieden.

Der Frieden schenkt Hoffnung und bringt
Liebe. Der Krieg zerstört alles, was du
liebst. Wie könnte Liebe im Krieg existieren?

Im Frieden entsteht, was im Krieg vergeht.
Im Frieden lebt's; im Krieg stirbt's.

Im Spiegel der Welt. In den
Geschichtsbüchern. In den digitalen
Fußabdrücken. Frieden.

Tränen am Grab. Leerer Sarg. Sein Körper liegt irgendwo hinter der Front. Raben und Krähen fressen seine Augen, Füchse und Schweine seine Arme und Füße.

Ohne Frieden kriegen. Mit Kriegen verlieren.

Freundliche, friedliche Menschen schenken.

Der Frieden ist ein Haus. Gieß den Grund. Errichte die Wände. Kröne es mit dem Dach. Dann zieh ein.

Sinnlose Bürokratie schafft Frieden nie.

Frei nach den Sternen greifen und den
Stern des Friedens festhalten. Reite seinen
Schweif!

Geburtstag feiern im Frieden ist schön.
Geburtstag feiern im Krieg ist scheiße.

Finde Frieden auf all deinen Wegen und lass
dich niemals unterkriegen.

Unser Gespräch dient dem Frieden. Unsere
Worte sollen den Frieden vermehren. Unsere
Taten ihm dienen.

Ein Hauch von Frieden liegt in der Luft. Er
küsst dich wach und lacht.

Willst du ein Kind des Friedens sein? Willst du glücklich sein? Lass mich dich fragen, ob du mit deinen restlichen Tagen ein Berg des Friedens wirst?

Ich erinner mich an dich. Ein Lächeln zieht in mein Gesicht. Es waren friedliche Tage, bevor der Streit uns zerriss. Daran will ich mich erinnern.

Dein Leben ist endlich, aber du kannst einen Frieden aufbauen, der dein Leben überdauert.

Friedenskämpfer sind tapfere Helden. Friedensläuferinnen tragen den Frieden auf Händen. Friedenskinder spielen. Wir alle können siegen!

Solange Frieden ist, wird Glück sein. Sobald Krieg ist, wirst du weinen.

Bomben. Raketen. Granaten. Minen. Wie viele kleine Kinder haben diese Dinger aufgerieben, zerstückelt und zerstört?

Ein einzelner Mann hat die Macht diese Welt zu befrieden. Wenn er an sich glaubt. Eine einzelne Frau kann Frieden bringen. Wenn sie von sich überzeugt ist. Glaubt an euch! Glaubt an den Frieden. Glaubt, das wir siegen!

Im TV Krieg. Ich schalt ihn aus und mach
mir zuhaus Frieden.

Sei der Frieden in der Welt: Damit jedes
neugeborene Kind ein glückliches Leben
gewinnt.

Finde im Frieden dein Heim. Lass den
Frieden dein Zuhause sein.

Aus den Gedanken des Friedens wächst der
Frieden!

Friedlich im Café. Sie bringt Tee. Ich warte
und lächel vor mich hin.

Museumstag. Die Schlange lang.
Geschichten von der menschlichen Suche
nach Frieden.

Sie hat dunkle Haut. Ich hab helle. Wir
haben unsere Liebe auf Frieden und Nähe
gebaut. Es funktioniert. Es fühlt. Es strahlt.
Liebe.

Finde den Frieden in den Tieren. Finde ihn in
den Menschen. Finde ihn in den Bäumen,
Sträuchern und Blumen. Finde ihn sogar in
den Stahlbetonwänden.

Ein Land im Frieden wird blühen. Wenn wir
alle uns bemühen, werden wir wachsen und
all unsere Träume wahrmachen.

Einen Moment Ruhe. Dieser Augenblick
wenn alles still steht.

Freiheit. Ich sing von dir! Freiheit. Ich
träume von dir! Freiheit. Ich liebe dir!

Frei und friedlich kriech ich über die
Couch. Ich lach und kuller. Ich schmachte
das Glück meines Lebens an.

Frieden in ihrem Schoss. Friedenswürste.
Warum nicht lieben für den Frieden?

Lerne und lehre Frieden. Gebe und nimm
Frieden an. Sei der Frieden, der zum Frieden
der anderen wird.

Ein Traum geht um. Unsichtbar schleicht er durch die Welt. Mütter träumen ihn. Kinder träumen ihn. Männer beten heimlich und ungesehen um ihn. Ein Traum geht um. Unsichtbar schleicht er durch die Welt. Es ist der Traum vom Frieden.

Frieden kann sein. Frieden darf kommen und vor allem darf er bleiben!

Ich bin ein Menschenkind. Du bist ein Menschenkind. Willst du friedlich mit mir zusammen sein oder ist es dir lieber, dass wir uns unentwegt versuchen, im Krieg zu ermorden?

Der Tod kommt. Wir alle sterben. Wir können die Tage bis zum finalen Moment in Frieden oder Krieg verleben. Im Krieg wird der Moment schneller kommen und Glück und Spaß werden Fremde sein. Nur im Frieden können wir jeden Lebensmoment glücklich verleben.

Lass los! Lass deinen Hass los. Lass deine gewalttätigen Gedanken los. Lass den Krieg los. Nimm den Frieden an!

Sahst du ihn? Er blitzte fern am Horizont der Welt. Sahst du ihn? Sieh nochmal hin! Sieh da! Schau genau? Ganz klein blitzt da ein Funke Weltfrieden.

Ich will. Ich kann. Ich darf und muss. Frieden sein.

Friedenshand als Friedenspfand. Vertrauen auf Brücken bauen, die jedem Sturm standhalten. Setz dich und verstehe. Sieh in den Himmel und lebe!

Friedlich schlaf ich ein. Friedlich erwach ich. Es ist Wochenende. Kein Stress. Keine Hektik. Nur sie und ich.

Lebst du im Friedensland? Solange Bomben noch nicht fallen und Raketen noch nicht einschlagen, tust du es. Doch tust du nichts für den Frieden: Wie lange soll es dann noch das Friedensland bleiben?

Friedensmärsche Tag für Tag. Friedenslieder Mund für Mund.

Frieden ist nah. Glaubt daran!

Find den Weg, der in den Frieden geht und dann renn so schnell du kannst den Weg entlang.

Frieden siegt und Krieg verliert. Frieden kommt und Krieg geht. Frieden ist und Krieg war.

Frieden in jedem Winkel der Welt. Frieden in jedem Menschenherz. So sieht der Weltfrieden aus!

Wir sind geboren und leben. Wir sind auserkoren, den Friedensweg zu gehen. Wir sind erzogen, friedlich miteinander umzugehen.

Frieden liegt in jedem Atemzug. Frieden liegt auf der Zunge. Lass deinen Mund ein Werkzeug des Friedens sein.

Wenn der Frieden bleibt, wirst du heilen. Wenn der Frieden geht, wirst du sterben. Wähle!

Im Leben können wir erleben, wie das Leben im Frieden überlebt und im Krieg vergeht.

Sinn und Unsinn. Frieden und Krieg. Sieg oder verlier.

Freie Vögel fliegen und singen die Lieder des Friedens.

Gesprengte Ketten. Kaputte Gefängnisse. Verlassene Arbeitslager. Eine freie Welt wird eine friedliche sein.

Frei im Frieden über die Erde laufen, ist das größte Wunder. Glaub nicht an Schabernack und Aberglauben. Glaube an den Frieden und die Freiheit!

Im Frieden sind Mutter und Kind geschützt. Aber wenn Mütter ihre Kinder im Krieg beerdigen, dann steht die Welt auf dem Kopf.

Bäume grünen. Blumen blühen. Keine Panzer, die sie platt walzen oder zerstören.

Tauben fliegen. Symbole des Friedens siegen.

Über den Autor:

Niemand will den Krieg.
Nichts bringt uns der Streit.
Nirgendwohin treibt uns der Konflikt.
Nimm die ausgestreckte Hand und
dann fängt der Frieden an.